Was immer bleiben sollte Natur, Heimat und Welt Gedichte

Gerda Greschke-Begemann

Gedichte für verständige Menschen
mit offenem Herzen und Liebe zur Natur

Was immer bleiben sollte

Natur, Heimat und Welt

Gedichte

Gerda Greschke-Begemann

Bibliografische Information der Deutschen Nationalbibliothek:
Die Deutsche Nationalbibliothek verzeichnet diese Publikation in der Deutschen Nationalbibliografie; detaillierte bibliografische Daten sind im Internet über http://dnb.dnb.de abrufbar.

© 2019 Name des Autors/Rechteinhabers:
Gerda Greschke-Begemann

Cover + Fotobearbeitung: Dr. Peter Greschke

Herstellung und Verlag: BoD – Books on Demand, Norderstedt

ISBN: 978-3-7460-88884

Heimat und Welt

Was immer bleiben sollte

Leuchtende Blüten am Wegrand
und vor altem Gemäuer
Rosenstöcke in gelb, weiß und rot.

Neugierige Hunde,
die in der Aue des Mains sich freundlich begrüßen
und vom Wasser trinken nach arglosem Spiel.

Ein Schiff, das lautlos am Ufer vorbeizieht,
und nur langsam dem Blickfeld entgleitet,
gebunden an ewige Spur dieses Flusses.

In der Abendsonne steigt manchmal eine kühle Nixe
bei der uralten Brücke aus dem Wasser des Stroms,
schüttelt die Haare und versprüht diamantene
Tropfen.

Sie schaut herüber zu den Toren und Türmen der Stadt,

und denkt an den einen,

der schon vor Jahrhunderten starb.

Sie kann die Rosen nicht sehn,

die für ihn an der Mauer noch blüh'n.

Nordische Sommernächte

Es ist so schön,

durch Zuckerberge zu gleiten

in den Norden, wo das Licht nicht erlischt,

spät nachts noch weich überm Horizont liegt,

dabei scharf die Bergkanten zeichnet,

und das Schiff sacht einen Hafen erreicht.

Glatt wie Spiegel liegen die Wasser zwischen den Bergen.

Dort, wo kein Schimmer hinreicht,

ist ihr Grünblau dunkel geworden

im Schatten der uralten Felsen.

Klarheit, Schönheit, Ruhe,

bunte Häuser ordnen sich ein.

Wenn mein Mond lächelt

Heut Abend hab ich den Vollmond gesehen
riesig und blass-silbern stieg er auf überm Wald.

Als er seine Bahn weiter nach oben zog
und ich zwischen den Feldern durch einen Baum
seine leuchtende Scheibe später sah
war er schon golden.

Nun steht er über der Kiefer, die mein Haus hütet
und lächelt mir freundlich zu.

Schöpfung

Immer neue Blüten treibt die Urkraft jedes Jahr

achtet nicht, was Schlimmes hier in unsrer Welt geschah.

Natur will sich vermehren, wachsen, weiterleben,

selbst aus Ruinen und auf Gräbern wird sie ihre Schöpfung

weben,

wenn die Zeit dafür gekommen ist.

Weil Natur nicht nach Menschenwerten misst.

Natur

Flirrende Luft unter Sonnenstrahlen

Schmetterlinge, die fliegende Bilder malen

Reifender Weizen in goldenen Wellen

Glitzernde Fische, die durchs Wasser schnellen

Vielfältiger Wald, der Wasser und Leben webt

schafft nur die Natur, die schon ewig lebt.

Nordland

Runzlige runde Riesen
Ruhen in tiefblauem Wasser
Schlafend seit Ewigkeiten.

Nur ihre Rücken trinken Regen und Sonne
Manche tragen Schnee auf gerundeten Buckeln
Lassen neue Firne wachsen
Die unter der Sonne strahlen.

In Furchen und Falten
Die einstmals Gletscher geschliffen haben
Stürzt Wasser hinunter
Mahlt Steine zu Kieseln auf dem Weg bergab.

Wo die dunklen Riesen ins Meer eintauchen,
Schmücken helle Ränder sie aus Gras oder Sand
Geben Menschen Erlaubnis für bunte Behausungen,
den Kiefern und Birken dort festen Grund.

Sie schlafen tief, die alten norwegischen Riesen
Ewig umspült von blaugrünen Wassern
Auf denen bunte Schiffe sich fröhlich begegnen.

Schöpferkraft

Hei, wie sie drängt und üppig sich spreizt

Aus Knollen und Knospen und Wurzelwerk breit

Färbt Wiesen frisch und Gärten bunt

Macht rissige Herzen wieder gesund

Verströmt Düfte, damit ein jeder sich freue

Schenkt Leben und Lieben uns immer aufs Neue

Und ist dabei doch wie jedes Jahr nur:

Die große Schöpferin Mutter Natur.

Erwägungen

Erwägungen an einer Kreuzung

Wer weiß, ob dieser unbekannte Weg zum Berg nicht eine
Sackgasse ist
oder ein starker Regen die Böschung plötzlich rutschig
macht,
so dass ich abstürzen werde?

Werde vielleicht an einem Baum festklemmen,
meine Lunge zusammengepresst,
so dass ich nicht mehr schreien kann.

Ich bin nicht Prometheus
und werde am Abgrund gefangen nicht lange mehr leben,
auch wenn die Adler hier selten geworden sind.

Oder der Weg windet sich endlos steil weiter
über den Wald hinauf in die Felsen
wo kein Quell mehr sprudelt oben im Stein.

Kein Obdach, nur Wetter und Wolken,
die jeden Rückweg verstecken.
Ein Kreuz auf dem Gipfel wird mein Ende verhöhnen.

Die Straße nach links, was ist, wenn ich sie nehme?
Eine Stadt wird mich schlucken,
die alten Herren hätten sie grau genannt.

Doch das ist sie nicht, sie ist bunt,
aber grausam zu mir und all jenen, die fremd sind
und ihren Regeln nicht folgen können.

Hier gibt es alles, Häuser zum Wohnen,
zum Trinken und Essen, für Liebe und Kunst.
Doch nur gegen Geld.
Elend bleibt jeder und einsam, der keines hat.

Für mich gibt es nur zerfallende Häuser,
die sonst niemand will,
oder Schutz unter Eisenbahnbrücken.

Ich bin nicht so stark wie die Heimatlosen,
die es irgendwie schaffen, hier durchzuhalten.
Aus Flaschen gießen sie Wärme in den Leib,
kriechen in Decken gegen die Kälte von außen,
denn an warmen Plätzen darf man nicht sein ohne Geld.
Bald wird mein Körper weggeschafft werden.

Ich weiß auch nicht, wohin die rechte Straße mich führt,
kann die Biegung nicht überblicken.
Vielleicht taucht sie zur Ebene und zwischen Wiesen am
Strom liegt ein Dorf.

Die Leute dort haben freundliche Herzen, sie nehmen mich
klaglos auf.
Im Garten am Haus darf ich Hühner füttern, die Eier
sammeln und Gemüse pflanzen.
Bald werde ich ernten und drinnen das Essen bereiten.
Wenn meine Kinder heimkommen, bringen sie Freude ins
Haus.
Wir könnten immer hier leben,
mein Philemon wird zur Eiche und ich eine Linde.
Es ist alles noch nicht entschieden.

Hybris oder Elite?

Sie glaubt, das wäre zweierlei,

nicht Hochmut nämlich, sondern Stolz

auf ihren auserlesenen Geschmack,

der sie bewogen hat,

sich die antike gold'ne Schale

im Wert von tausenden von Euros

im nobelstem Auktionshaus zu ersteigern

und nun im Hauseingang zu präsentieren,

dort, wo sie jeden Brief, der sie um Spenden bittet,

akribisch klein zerreißt und seine Fetzen

verächtlich in die gold'ne Schale wirft,

denn sie ist überzeugt,

ein jeder könne wunschgemäß

die eignen Lebensweichen stellen.

Nein, gute Frau, Elite ist das nicht,

doch Hybris schlimmster Art.

Mord an einer Buche

Gerne geh ich durch unsern Wald
der Hund läuft voraus, den Hang hinauf,
wo mächtige Buchen seit Jahrhunderten erhaben
über menschliches Geschehen hinausgewachsen sind,
Wissen sammelnd aus langer Zeit.
Sie sind weise.

Aus gewaltigen Wurzeln
streben ihre mächtigen Stämme
silbrig-grau zum Himmel
und umgeben sich oben
mit herrlichem Blattwerk.
Dem Verständigen vertrauen sie ihre Geschichten an.

Zwischen den Wurzelfüßen haben in vielen Jahren
sich Mulden gebildet.
Sie sammeln Regenwasser, das mein Hund gerne trinkt.

Ich liebte diesen erhabenen Ort,
doch nun schmerzt die Trauer,

denn der schönste Gigant am Waldweg wurde gemordet.

Er war voller Weisheit.

Gestern fand ich ihn hingestreckt,

seine von Sturz gebrochenen Äste zwischen den Gefährten

verstreut.

Grell blendeten frische Späne, grausig wie Blut.

Was hat er gefühlt, wie sehr hat er gelitten,

der Baum mit uraltem Wissen?

Heute schon haben sie ihn weggeschafft.

Geblieben sind unbarmherzige Spuren

und ringsum großes Leiden.

Beißend leuchtet die Wunde des grausigen Schnittes

über verstümmeltem Fuß der einst mächtigen Buche.

Die verbliebenen Brüder stehen erschrocken.

Längst brüteten Vögel im Laub und im Holz des

geschlagenen Gefährten,

denn der Sommer beginnt

und mit dem Baum starben Vogelkinder in den Nestern.

Die Klage der Eltern ist Schweigen,

sie haben Kind, Wohnung und Heimat verloren.

Den Weg zu den Buchen nehm' ich nur selten noch.

Mich schmerzen die Spuren des Mordes

und die Wut auf die Menschen,

die ohne Ehrfurcht erschlugen den mächtigen Baum

und seine Weisheit erbarmungslos löschten.

Dem Baumriesen kann ich nun nicht mehr lauschen

und mir fehlen seine Geschichten.

Er hatte mir längst noch nicht alles erzählt.

Wo ist meine Seele zu Haus?

Mein Seelenhaus hat viele off'ne Türen
Für andere Menschen, um deren Leben auch zu spüren.
Sie kommen in mein Haus und ich lass mich berühren
Vom Schicksal, das die Gäste mir erzählen.
Ich höre, spüre manchmal, wie sich viele quälen,
gefangen und nicht fähig, einen neuen Weg zu wählen.

Doch diese Freiheit ist es, die zum Glück uns führen kann:
Ein offenes Herz für alles, was die Schöpfung je ersann
in weiter Welt, in der Natur, in Kind und Frau und Mann.

So lässt mein eignes Seelenhaus
Mich ein, wenn ich es brauche, doch jederzeit hinaus
Zum Freisein, schauen, hören, und zur Begegnung auch.
Ich kann genießen, reisen, wandern
und Vielfalt teilen mit den andren.

Zeit ist ewig

Es stimmt doch gar nicht, dass die Zeit verrinnt.

Sie war schon immer da und wird es bleiben,

auch wenn ein neues Jahr beginnt.

Doch wir versuchen, Ewigkeiten einzuteilen,

um Position zu finden und Bedeutung auf dem Strahl der Zeit.

Wir wollen gliedern, stückeln und die Zeit verwalten

- vergeblich Mühe angesichts von Ewigkeit!

Nicht Leben und nicht Zeit lassen sich halten.

Lebenslauf

Durchs Leben gehe ich
In ständig ungewisser Zeit
Weiß nicht, wie lang die Strecke ist
die meinem Leben zugeteilt.

Der Weg ist unbekannt
Und Pläne bleiben Illusion zumeist.
Doch immer ist die Hoffnung mein Begleiter,
Dass Menschen bald zu friedlicher Gemeinschaft finden
und Sehnsucht nach Gerechtigkeit ist Richtschnur mir.

Nicht Dauer meiner Lebensstrecke
in unsrer wunderbaren Welt
darf Ziel und Maßstab sein für mich.
Nur Achtsamkeit und Sorge
für Mitmensch und Natur
kann Zukunft offenhalten jenen,
die jung oder noch nicht geboren sind.

Helle Wünsche

Den Schlafsuchenden wünsche ich Ruhe,

den im Traum Gejagten Frieden,

den Trauernden Licht in die Seele,

und den Flüchtenden eine Heimstatt.

Den von Angst Gepeinigten wünsch ich Befreiung,

allen von Armut Gequälten die nötigen Mittel

und die Kranken mögen schmerzfrei genesen.

Den Hassenden sei Liebe ins Herz gepflanzt,

den Gierigen viel Mitgefühl

und Gelassenheit den Neidern.

Doch ich bin keine Göttin.

Ob ein Heiland die Wünsche erfüllt?

Frühling

Der Winter ist vorbei

Der Winter ist vorbei,

Die Vögel sprechen nicht mehr winterisch,

sondern zwitschern und piepen vom Frühling.

Auch das Wasser sprudelt klar aus dem Berg,

viel zu munter, um noch zu gefrieren.

Ganz fröhlich tobt mein Hund durch den Wald,

schleppt Äste heran und springt durch den Sumpf,

übermütig, mit funkelnden Augen.

Moos und Gras leuchten frühlingsgrün.

Unerwartet tönt über mir Gänsegeschrei -

ihr Zug ist auf dem Rückweg nach Norden.

Ich nehme das als ein klares Signal

dass der schwächelnde Winter nun endgültig aufgibt.

Belauscht

Zaghaft schüchtern zirpt der Zeisig,
Amseln üben schon das Flöten,
Die Meisen proben Zizzidä.
Orangene Brust des Buchfinks leuchtet kräftiger
Und Spatzenhorden zwitschern im Gebüsch,
Rotkehlchens Frau ist wieder da.

Nun treibt, ihr Blütensträucher, endlich aus!
Ihr Frühlingsblumen, eilt! Schmückt Wald und Gärten
Zur Vogelhochzeit überall.

April-Sonnentag

Die Kiefern knacken schon,
die letzten alten Zapfen wirft der Baum zu Boden,
er braucht den Platz für seine neuen Blüten.
Die drängen knackend aus den Winterhüllen
hinaus gesprengt von unsichtbarer Kraft.
Die Zweige schwingen leicht im warmen Wind
und frischer Efeu kriecht den Stamm hinauf.

In einem Kasten haben blaue Meisen
auch dieses Jahr ihr Nest gebaut
und wärmen ihr Gelege dort geduldig.
Wenn Hunger sie aus ihrer Höhle treibt,
kommt gleich das zweite Elternteil heran
und übernimmt die ungebornen Kinder.

Ringsum im Garten treibt der Frühling bunte Blüten
und neue Blätter drängt er zum Entfalten.
Nach Süden öffneten Magnolien ihre Riesenkelche
und rosa schimmert schon der Apfelbaum.

Ein großes Glück, dass die Natur sich durchsetzt,
immer noch, wie seit Jahrtausenden zuvor
und weiterhin uns Zukunft schenkt.

Bereit für den Frühling

Nicht weit muss ich gehen,
dann schau ich über meine Stadt,
die am Fuß des sanften Gebirges sich breitet
und in Tälern und Mulden die Hänge hinaufzieht.
Am Bergkamm oben leuchtet durch dunkle Stämme
ein eisblauer Himmel, mit orangenen Wolken durchsetzt.

Grüne Hänge mit Wiesen und Gerste werden gegliedert
von Hainen und Äckern mit gebrochener Scholle.
Jenseits des Tales malen Wälder Konturen am Horizont,
verbergen Geheimnisse, geben Ansporn dem neugierigen
Geist.
Über den Feldern wird frisches Himmelsblau
durch blassrosa Wolken zart angewärmt.
Stählerne Flugzeuge schneiden gleißende Streifen hinein,
tragen sie Menschen oder bringen sie Bombenunheil?

Wie ein Halbkreis liegt fern der Abendmond,
hat sich abgewandt und bleibt unbeweglich.

Von den Feldern rieselt Wasser in schmalen Gräben

hinunter zum Bach,

der es sammelt und weiterträgt zum Fluss in der Ebene.

An der Böschung tragen hohe Gräser noch Winterbraun,

doch unten am Grunde treibt schon der Kalmus frischgrün

und der Huflattich drängt bald zur Blüte.

Doch schärfer als meine Augen sehen

haben die Ohren Gewissheit vom nahenden Frühling:

Laut jubeln die Vögel ihr Abendlied

von Hochzeit und Wärme und Wandel.

Ihr Singen wird immer untrüglich sein,

ist einzig noch sicher in drohenden Zeiten.

Verheißung von Frühling

Über Nacht wurden Gräser frisch gestrichen
gelbes Blütenlächeln blitzt schon manchmal auf
im Wald, in Gärten und auf Wiesen.
Wasser plätschert jetzt verheißungsvoll
fröhlich hüpfend eilt es in wärmeres Tal
erzählt vergnügt von kalten Bergen.

An den Ufern schnörklig fließender Bäche
öffnen Haseln ihre weichen Trauben
bewirten erste, hungrige Bienen.
Vielfältig Konzerte freiender Vögel
füllen den Abend heiter mit Jubel,
versprechen neues Leben endlich.

Blumenteppiche

Und plötzlich sind sie ausgerollt,

die weißen Teppiche aus Buschwindröschen

mit feinem Schimmer Violett auf strahlend weißen Blüten

am Südhang der Wälder.

Auch Veilchenkissen laden ein

die Sinne zu öffnen für Farben und Duft

hervorgebracht von Frühlingssonne

in zwei warmen Tagen

so lange schon erwartet.

Frühlingsfarben

Und endlich kam der Frühling doch.

Die Veilchen stehn in voller Blüte,

sie decken ganze Wiesenränder.

Baumknospen knistern ungeduldig

und brechen durch den Winterschutz,

es leuchtet gelb das Scharbockskraut,

zu kurz nur blühten Märzenbecher.

In Gärten duften Hyazinthen

unter leuchtenden Forsythiensträuchern.

Vögel jubeln heftig ihre Werbelieder

tragen Futter hin zu Nestern im Gehölz.

Er lässt auch dieses Jahr nichts aus, der Frühling:

lässt Bäume strahlen blütenschwer,

wirft üppig Farben in das Grün der Wiesen

und Rapsfelder beginnen gelb zu schimmern.

Zwanzigster März

Heute ist Frühlingsanfang
In der Nacht noch hat es frisch geschneit
Später wurde der Himmel klar.
Am Nachmittag kam die Sonne heraus
Leckte den Schnee langsam auf.
Er lag bald nur noch an den Schattenkanten
Von Bäumen und Sträuchern.

Auf der Südseite des Berges hab ich gesucht
Nach Anzeichen von Frühling
Und ein kleines bisschen hab ich gefunden
An gelber Frühlingsfarbe.
So hat die Kornelkirsche ihre Blüten aufgespreizt
Und Scharbockskraut leuchtete am Weg.

Die Hüllen der Weidenkätzchen öffneten zaghaft sich
Vor strahlendem Himmel.
Es lag ein Sehnen nach Frühling über dem Land -
Oder war es nur in mir?

Zu Ostern

In diesem Jahr müht sich der Frühling noch

doch sicher ist, bald kommt er doch!

Laut jubeln Vögel ihre Abendlieder,

bauen längst an ihren Nestern wieder,

singen von Hochzeit, von Wandel und kommendem
Leben,

mit Melodien wollen sie Zuversicht weben.

Diese Hoffnung dürfen wir in uns tragen:

Ostern heißt, neues Leben zu wagen.

Sommer

Duft der Kindheit

An dem kleinen Fluss im Tal
wurden heut die Wiesen frisch gemäht.
Gerahmt von allen Tönen der Palette Grün
aus Weiden, Erlen, Eschen und Holunder
duftet in später Sonne nun der erste Schnitt.
Bachstelzen stöbern dort nach Nahrung,
zwei junge Rehe heben ihren Kopf,
springen gelassen weiter ohne Furcht.

Geruch von Kindheit steigt aus der gemähten Wiese,
erinnert an die frühen Glücksmomente
und Bilder aus vergangner Jugend steigen auf:
Zeigen Borkenschiffchen schwimmend auf dem Bach,
Pusterohre und verlorne Strümpfe
und manche Spielgefährten, die es nicht mehr gibt.

Heute dringt andres Lachen und Plantschen die
Böschung hinauf
von neuen Kindern, die ihre eignen Brücken baun.

Regen fehlt

Ja, es ist noch grün, mein Lipperland,
doch hat es gelbe Schatten,
kraftlos und wie ausgebrannt sein Boden,
mit Löchern voller Ratten.

Der Wald wirkt alt und abgemüht
verhärtet sind die Weiden,
die Stauden sind zu früh verblüht
droht uns ein Zukunftsleiden?

Sommermelodien

Aus blauem Himmel

Tropft Lerchenmusik

Auf duftend gemähte Wiesen.

In schattiger Hecke

Neben verlassenen Nestern

Füttern Amseln ihre kaum flüggen Jungen.

Aus Singdrosselkehle

Im Gipfel der Linde

Perlen Töne, fädeln süße Melodien.

Ins Bild schwebt ein Bussard

Äugt nach Mäusen am Boden

Halte fern dich, geliebte Lerche!

Zu schwer ist dieser Sommer

Zu schwer ist dieser Sommer

Auf allem lastet heiß die Luft

Verdorrt die Ernte und das Futter für die Vögel

Macht schwach den Saftstrom in den Bäumen

Die unter ihrer Last an Früchten brechen

Und manches Laub wird vor der Zeit schon gelb.

Bedrohend glüht die Sonne über ausgedörrtem Land

Zerstäubt noch jede Wolke

die den Durst der Erde löschen will

verhärtet alle Böden

die nicht mehr werden trinken können,

wenn einmal doch der Regen kommt.

Es tanzen Regenmacher,

schwingen wirbelnd ihre Rasseln

Doch trifft die Melodie der Instrumente keinen Gott.

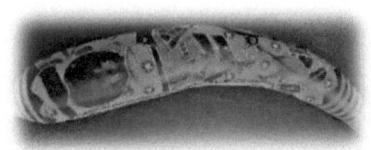

Sommertag im Wald

Die aufgehende Sonne im Morgenrot
Spiegelt Bäume auf glasglattem See
Kein Windhauch bewegt anschwellende Wärme
Die Tiere des Waldes verrichten ihr Tagwerk schon früh.

Am Mittag breitet satte Ruhe sich aus
Kein Vogel singt mehr, es herrscht Stille im Grün
Nur Insekten und Käfer arbeiten ruhelos noch
Und der Bach plätschert unentwegt weiter.

Lila blitzt der Fingerhut, das Weidenröschen rosa
Aus dichtem Grün, sie locken und nähren die Bienen.
Prächtig schillern Libellen auf unberechenbarem Flug
und bunte Falter flattern bewegliche Muster.

Hitze liegt auf dem Wald, sie brütet Samen zur Reife.
Reglos lagert Rotwild im Dunkel des Dickichts
Auch der Wandrer sucht Schatten und rastet.
Es wird Zeit für den kühlenden Abend.

Letzter Tag im August

Heut' ist das Glühen des Sommers verflogen

Nach den Gewittern legte sich Kühle aufs Land

Blank vom Getreide ruhen viele der Felder

Noch weiden Kühe und Pferde auf tiefgrünen Wiesen

Wo das Heu nicht zweimal geschnitten wurde dies Jahr.

In den Bäumen der Gärten glänzt Obst prall durchs Laub

Am Boden darunter die Kürbisse bunt

Unter haarigen Blättern am Zaun.

Wachsen ist langsam geworden

Reife braucht Zeit.

Nachts im Wald

Am Abend erst duften die Waldrebenblüten
und Süße ergießt sich gelbweiß in die Nacht
überflutend Aromen der andren Gehölze.
Aus dem Schatten der tiefdunklen Dämmerung,
dort, wo die Bäume im Wald schwarze Mauern
errichten,
tönt aufschreckend laut der Ruf einer fragenden Eule.
Im Restlicht über dem Waldweg streichen pfeilschnell
muntere Fledermäuse, die lautlos ihr Futter nachts jagen
unbeirrt von den dauernden Klagen des Uhus.

Dieser erste Hauch von Herbst

Noch sind die Wiesen saftig frisch
am Abend werden Rehe weiden
an diesem reich gedeckten Tisch.
In Zäunen flirren erste Spinnenseiden.

Obst reift prächtig an den Bäumen
umgeben noch von tiefem Grün,
am Waldboden in allen Zwischenräumen
die Pilzfrüchte zum Licht hin ziehn.

Die jungen Schwalben üben für den Vogelflug
und treffen sich auf Drähten zwischen Masten.
Sie lauschen, wie die Alten planen schon den Zug
und wann sie starten werden, wo sie rasten.

Wie schnell wurden die Felder abgemäht!
Sie leuchten nun nicht golden mehr,
wo jetzt noch eine Blume steht
fliegt bald ihr Same nur umher.

Altweibersommer

Manchmal fällt ein Wind, nicht kalt noch warm,
durchs stumpfe, alte Grün des Blattwerks
und manchmal blitzen Sonnenstrahlen
durch dichte Wolkendecke.

Faule, braune Äpfel purzeln aus dem Baum
sie rollen übers Gras zur Gartentreppe
und Schnecken folgen ihrer Spur
in sachter Gier.

Das Himmelsgrau zerknüllt zu dicken Wolken
macht Platz für Bläue zwischendrin
und ich kann sehen, wie die Wolken reisen.

Ein Rotmilan malt schnelle Linienmuster
vor blau-weiß-grau bewegten Himmel.
Ein Spinnenfaden weht mir ins Gesicht.

Wie kann es sein, dass dieser Sommertag,
trotz aller Schönheit in dem reifen Glühen,
in dem Betrachter Wehmut rühren mag
und Trauer um vergänglich' Blühen?

Septembersonne

Wenn die Luft schon kühler,

doch die Sonnenstrahlen warm,

wenn das Grün der Bäume alt wird,

im Abenddunkel Gänse schnarrn

weil ihre Reise sie bequaken

unten am See hinterm Feld,

wenn auch Kraniche und Schwalben

sind auf Abschied eingestellt

und die Morgennebel länger liegen

auf den leeren Fluren

malt Septembers Sonne

ins Herz schon Wehmutspuren.

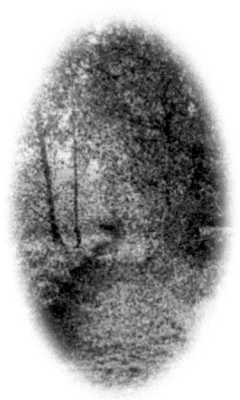

Zeit für den Sommer, zu gehn

Es ist Zeit für den Sommer zu gehn.

Nassgrauer Nebel auf Feldern vorm Wald

macht die Welt für uns kleiner und trüb.

Auf den Drähten versammeln sich Schwalben

spüren Unruhe kurz vor dem Flug

und sind morgen womöglich schon fort.

Der Sommer war lang und die Gäste ziehn spät dieses Jahr.

Erster Duft satten Herbstes weht mit der Luft,

ein Gefühl von Erschöpfung liegt überm Land.

Wohin können wir dies Jahr wohl noch gehn?

Herbst

Last abwerfen

Wenn nun im Wald die Bäume ihre Blätter streuen
weil schweren Regen sie nicht länger tragen können
und auch der Wind an ihnen zerrt
dann dürfen in den Bächen sich die Fische freuen
weil's Wasser steigt. Es sei ihnen zu gönnen.
Auch wilder Herbst hat seinen Wert.

Er gibt den Wäldern neue Leichtigkeit
Nimmt Sommers Last von ihren Ästen
Bereitet sie zur Winterruhe vor.
Wer lange lebt, hat vielleicht neunzig Herbste Zeit
zu lernen, wie als kurzer Gast der Erde wir am besten
den Nachgebor'nen dienen als Mentor.

Gold liegt auf der Straße

Das Gold der Bäume liegt nun auf den Straßen,

Im Wald auf weichen Wegen spielt es mit Wandrers Schritt

Buchenkronen haben umgefärbt sich über Nacht

Und kupferfarben ist der Wald geworden,

Nur im Unterholz noch leuchtet's gold.

All diese letzten Blätter zittern schon, zum Flug bereit,

Der schwebend, taumelnd, sie den Lebenskreis

beschließen lässt,

Zurückführt auf den Boden, der sich von ihnen nährt

Um Kraft zu schöpfen für ein neues Leben,

immer wieder.

Durch die Herbstlandschaft

Durch die Herbstlandschaft fuhr ich
vergaß, welches Ziel vor mir lag.
Jeder Sinn war gerichtet auf Farbenpracht,
fast wie Schmerz drang das Leuchten
ins Auge, brannte sich in Haut und Gehirn.
Gab der Zunge Aroma von Erntedank,
Illusion von Gewürzen der Nase
und Musik in die Ohren wie niemals gehört.

Langer Sommer, er schickte zum Abschied mir
orangene Glut von den Sträuchern am Weg,
von den Feldern, die ohne Getreide nun lagen,
das blässelnde Blond der vergessenen Stoppeln.
Wie fruchtiger Rotwein glühte Laub mancher Bäume
im Meer des umgebenden goldenen Waldes.

Welch Vielfalt an lebender glühender Pracht
sich verwob in den Bäumen dort oben am Berg!
Konnt' die Namen der Farben nicht nennen,
zu dürftig erschienen mir Worte für das,

was die Herbstsonne vielfältig zauberte:

feurigen Rausch und ein Gruß des erfüllten Sommers.

Erntedank im Wald

Der Wald hat jetzt bis oben zum Berg
sein Füllhorn geschüttet und zeigt uns das Werk,
das er im langen Sommer würdig geschaffen.
Nun kann geerntet werden. Tiere müssen Vorrat
raffen
für harte Zeiten, die noch kommen,
wenn Licht und Wärme sind genommen.

Heut aber leuchtet ein prächtiger Tag
und wo morgens noch der Nebel lag,
strahlt Ahornlaub orange und rot
als des üppigen Herbstes Anfangsgebot.

Drinnen im Walde herrscht Überfluss,
Sinne schwelgen in rauschhaftem Genuss.
Eicheln reifen, auf duftenden Boden fallen Haselnüsse, Bu-
chenblätter streifen Haut wie zarte, gelbe Küsse.

Knollig treiben Pilze aus dem Boden, spreizen ihre Hüte,
in Gruppen und einzeln, klein und groß, in jeder Güte;

die würzigen Düfte nimmt begierig der Wanderer auf,
genießt die Formen und Farben des Jahreslaufs.

Natur feiert im Wald ihr Erntedankfest,
verschenkt freigiebig des Sommers Rest,
verzaubert mit Düften und Farben
versorgt Tiere mit notwendigen Gaben.

Wenn wir später den Wald verlassen,
liegen glänzend Kastanien im Gras, nach denen wir
fassen.
Verzaubert wie ein Kind heben wir sie auf,
stecken eine in die Tasche, sie kommt mit nach Haus.

Es sieht nach Abschied aus

Die Sonne sieht nach Abschied aus,
das Laub im Garten wirkt so alt,
spät nachts trat einmal ich vor's Haus
im Mondlicht war es eisekalt.

Die Schatten sind so früh schon lang
und Früchte fallen von den Bäumen.
Warum macht das mein Herz so bang?
Ich kann nicht froh mehr träumen.

Doch weil der Globus steht geneigt im All,
wird Sommer tief nach Süden reisen.
Mir bleibt nur Abschied und ein Widerhall
von Farben in der Seele. Das muss reichen.

Oktober Nachmittag

So ist die Sonne doch gekommen

am Oktober-Nachmittag

und ich geh los mit meinem Hund.

Vom Dorfe unten klingen Glocken

und Pilzduft schwebt verlockend überm Farn.

Viel grünes Laub ist noch vorhanden

im Wald bei uns in diesem Jahr,

ich freu mich dran, obwohl ich weiß,

auch meine Tage sind gezählt.

Starker Herbsttag

So wie das Jahr neigt dieser Herbsttag sich,

wirft golden späten Sonnenschein aufs Land,

lässt Wiesen strahlen und das Laub erglühn.

Er spreizt in satter Schönheit sich,

dringt durch die Augen bis ins Herz.

Im glatten Spiegel eines Teiches

verdoppelt sich das Herbstbild noch,

bedeckt die Bitterkeit enttäuschter Seelen,

macht wieder stark, die Alltagsbilder auszuhalten.

Das liebe ich an meiner sanften Heimat,

dass ihre Schönheit Kraft zum Weiterkämpfen gibt.

Blattfall

Es taumeln, schweben, rieseln zittrig

Gold'ne Blätter hin zur Wiese vor dem Wald

Wie Schmetterlinge flattern manche übers Grün

Sie täuschen mir ein kurzes Glück ins Auge

Trösten Herz und Sinn für eine Weile.

Ach, wenn doch nur die Wunden und die Sorgen

Vergänglich wären wie das Laub aus jedem Herbst.

Früher Frost

Morgensonne spiegelt grünes Licht von Wiesen,
leuchtet vom Waldrand, von Gehölzen in Gärten.
Da, wo Bäume lange Schatten werfen,
vergrößert weißer Teppich aus Reif ihre Formen.

Ein Hund bringt Bewegung ins stille Bild,
springt durch Sonne und Schatten
tappt Löcher hinein
in den samtenen Teppich aus Raureif.

Abendspaziergang

Richtig durchgepustet hat mich der Wind
und kalt war es da oben vorm Wald.
Hätt ich den Hund nicht,
ich wäre nicht aufgebrochen
ins feindliche Wetter.

So aber habe ich Bilder bekommen
des aufsteigenden Vollmonds
und des leuchtenden Abendsterns
trotz drohender Wolkenballen,
die eilig getrieben wurden
vom heraufziehenden Sturm.

Sie zogen ganz niedrig über den Berg,
ließen den Blick frei auf Venus und Luna,
die weit über uns unbeirrt strahlten.

Herbstbeginn

In den Buchenkronen schimmert oben kupfrig Gold
Verbraucht ist das Grün der andren Blätter
Die Wiesen wirken müde.

Noch leuchten in den Gärten Sonnenblumen
Wie Soldaten harren sie bewegungslos
Doch ihre Köpfe hängen tief.

Prall nur strahlen rote Äpfel hoch im Baum
Dort, wo der Mensch sie nicht erreichen kann
trotzen sie dem kalten Herbst.

Sturmwinds Orakel

Aus der warmen Stube hinaus an Feldern entlang

wollt ich laufen, doch der Hund blieb stehen am Hang,

ich rief ihn und zog die Jacke noch fester zu.

Einsam war es hier, doch ohne Ruh,

denn ein Sturm toste den Berg hinauf,

kahler Wald hinter uns bremste nicht seinen Lauf.

Ich sah das Tageslicht schwinden und weil ich lauschte,

verstand ich die Worte, die der Sturm zu mir brauste.

Er sagte: „Ein eisiger Winter wird noch kommen."

Ich glaubte dem Sturm, hab' ihn deutlich vernommen.

Winter

Nachthimmel

Wenn dicke Wolken Nachthimmel verdunkeln
Und kalter nasser Wind durch jede Fuge drückt
Bleibt ganz weit oben doch ein Sterngefunkel
Das in fernen Ländern Liebende beglückt.

Schlittenfahrt

Aufgeregt und heiser grüßen die Hunde.
Unter dickem Fell ist jeder Muskel gespannt,
bereit, zu stürmen, sobald es erlaubt.
Die Leine gibt nach und schon geht es los!

Begeistert glänzen die Augen der Hunde,
unter schwarzen Nasen hecheln rosige Zungen
ein lustvolles Keuchen zum Rauschen der Kufen
als Musik der unbändigen Lebenslust.

Der Tiefschnee stäubt auf, verdeckt fast die Sicht
des Gastes im flitzenden Schlitten:
Sind schwarze Äste es nur, die er drüben erblickt,
oder Geweih eines nordischen Rentiers?
Weiter geht die fantastische Fahrt
begleitet vom freudigen Hecheln der Hunde.

Winterstarre

Kälte lagert über dem Land
Schneeschicht lügt gleisnerisch
auf den harten Böden der Felder.
Im Raureif erstarrt sind schwarze Wälder.

Nebel fällt kalt aus dem Himmel;
macht unscharf, was fein einmal war.
Beim Blick auf gefrorene Weite
erhebt sich bedrohlich die dunkele Seite.
Der Frost reicht tief in die Seelen
und Angst verschnürt unsere Kehlen.

Ruhe

Du hörst das Atmen kaum
von Busch und Baum
im Winter.

In Ruhe liegt das Land
der Wald als Band
dahinter.

Ein Schlaf umhüllt Natur
sie träumt jetzt nur
vom Leben;

Kann Trost trotz Dunkelheit
in dieser Zeit
uns geben.

Diamanten

Der Abendfrost hat auf Straßen und Wegen
uns zahllose Diamanten hin gestreut.
Ihr strahlendes Glitzern lockt zum Fortschreiten ein,
selbst wenn dem Funkeln Gefahr inne wohnt.

Nicht anders ist es mit dem Fortschritt der Technik.
Wir lassen uns locken und riskieren Gefahr.

Winterperspektiven

Scharfe Konturen gegen ein Weiß,
das strahlend zurückwirft Licht der Sonne.
Die Amselfrau zeigt stolz Schnabelgelb,
äugt nach orangenen Schnäbeln von Männern.

Scharf stechen die Formen von Läufen und Köpfen achtsamer Rehe gegen den Schnee.
Noch die feinste Verzweigung im Geäst kahler Bäume
zeichnet Schwarz in blasses Hellblau eines eiskalten Himmels.

Weißlich schimmert wie zartes Band
ein Hauch von Wolken, die weich zerfließen.
Ponys mit Pelzfell heben den Kopf,
als wollten sie grüßen den einsamen Menschen.

Löcher stapft er in den Schnee,
der Wandrer auf dem Weg zur Höh',
wissend, dass die alte Mutter Natur
die Tage schon bald verlängert
und Dunkelheit wieder besiegt wird.

Schneewanderung

Unter grauem Himmel sind wir losgezogen,
denn oben am Berg lockt der Schnee blendend weiß.
Längst haben wir schwarze Straßen verlassen
und wandern zum Licht, das der Schnee uns
verspricht.

Was im Sommer so grün, sind nun weiße Flächen,
gebrochen von Linien aus Hecken und Wald
wo die Vögel suchen ihr tägliches Mahl.
Einsame Bäume starren schweigend ins Land,
schlafen lautlos, ergeben sich Winter und Sturm.

Auch wir ziehen schweigend, der Schnee nur gibt Laut,
weil er knarrt unter schwerem Tritt,
wenn wir Pfade zeichnen ins ruhende Land.

Überm Berg klart der Himmel langsam auf,
helles Blau zeigt sich nun und Sonne trifft Schnee.
Aus Diamanten ein Meer schwillt strahlend heran,
überwältigt die Augen mit blendendem Funkeln.

Der Blick zurück zeigt unten das Dorf,

wie es badet in Gold und in Silber.

Weihnachten

Vierter Advent

Wir warten.

Immer noch. Seit Jahrhunderten

Darauf, dass ein Versprechen eingelöst wird.

Dass einer ankomme,

Der die Welt heilt.

Oder eine Frau, als Heilerin der Welt.

Wir warten auf eine Ankunft,

Die uns von dem Übel erlöse

Aus Gier und Konkurrenz, aus Angst und Hass.

Damit endlich Frieden sei und Gerechtigkeit

Und ein Leben für alle.

Immer wieder Hoffnung

Selbst wenn die Nächte endlos scheinen
und Sonne sich nur selten zeigt
wissen wir doch, so wird's nicht bleiben
und setzen Licht auf grünen Zweig.

In dieser Zeit da warten wir
auf Friedenswunder für die Welt.
Ein Heiland war doch schon mal hier,
der brachte Liebe uns statt Geld.
Würden die Menschen doch erkennen,
dass echter Reichtum sich in Zahlen nicht bemisst,
und Börsenkurse niemals nennen,
wie wertvoll Nächstenliebe ist.

Geweihte Nacht

Die längste Nacht des Jahres ist nun überwunden
Wir zünden Kerzen an, sie leuchten in das Dunkel
In dem die Welt noch immer liegt.
Wir denken an Verheißung eines Friedens
Der durch Geburt von Mirjams Sohn bei Bethlehem
Versprochen wurd' vor mehr als zwei Jahrtausenden.
Er sollte Heiland uns und Retter sein,
Doch gejagt und verfolgt wurde er
Und schließlich grausam ermordet.
Es heißt, er sei später wieder auferstanden
Damit unser Vertrauen nie sterben muss.
Ihm lassen wir Weihnachtslichter strahlen
in unsterblicher Hoffnung.

Kontraste

Eisiger Regen schlägt in Fensterhöhlen ohne Scheiben

Ein kalter Wind zieht durch das Abbruchhaus

Er wirbelt altes Laub am Fuß der Treppe auf.

Der alte Mann zieht seine Decke weiter hoch

Und atmet Schnapsgeruch in seinen feuchten

Schlafsack.

Im weißen Einfamilienhaus mit Garten

Werden am Weihnachtsbaum Kerzen gelöscht,

Geschenkpapier wird eingesammelt,

Die Weihnachtslieder abgeschaltet.

Schlaft gut, ihr süßen Kinder, bleibt gesund und reich.

Zeitgeist

Die goldenen Zeiten sind vorbei

Wie der Morgennebel kriechen Angst und Sorgen wieder
hoch
Sie werden nicht mehr weggefunkelt von der Sonne.
Kalter Wind verheißt jetzt raue Zeiten.
Im Regen wandeln bunte Blätter sich zu Schlamm.

Die Sprache ist zu Hass und Hohn verkommen
Giftig' Worte schmähen Menschen, die an Güte glauben
und „Gutmensch" ist verachtende Beleidigung geworden.
Zukunft droht uns seelenlos und eisig.
Erbarmen hat in braunen Neid sich umgekehrt.

Geschäftigkeit

Dioden blinken, Bänder gleiten,
Algorithmen laufen lautlos ab.
In kleinen Chips wird Zukunft vorbestimmt
in immer gleicher Qualität.

Eintönig rauscht es aus den Rechnern,
Gebläse kühlen Prozessoren ab.
Durch Hallen fahren Automaten,
erzeugen Waren, packen sie ein,
schweigend, mit toten Gelenken.

Nur wenig Menschen kontrollieren noch,
mit leeren Blicken schauen sie durch Scheiben.
Doch meistens starren sie auf Monitore.

Auf blanke Tische von Shareholdern
gleiten zeitgleich aus vernetzten Druckern
Listen, die bereits entschieden haben,
welcher Mensch nicht länger wertvoll ist.
Nur der Börsenwert gilt noch als Wert
Das ist gültige Religion.

Menschen werden vom TV bespielt
oder sie entwickeln neue Algorithmen,
die jedes Hirn schon bald ersetzen werden.

Wie lange mag es wohl noch dauern,
bis die entfernten Geldbeherrscher
begreifen, dass ein Roboter nicht spielt,
nichts kaufen und nichts essen wird?

Kennst du mich noch?

Immer steh ich zur Verfügung
du dagegen schaltest ab.
Kein Netz, oder der Akku leer
so häufig kommt das bei dir vor.

Ich lieb dich doch! Liebst du mich noch?
Du sagst, du hast es furchtbar eilig,
das Meeting würde jetzt beginnen.
Doch wenn du Zeit hast, checkst du E-mails,
verstrickst dich tief im Internet.

Ich kenne dein Profilbild gut,
auch deine digitalen Freunde
und selbst dein Körper ist mir sehr vertraut.

Was fehlt mir bloß?
Ich such' dich in der echten Welt.
Kennst du mich noch? Und wer bist du?

Wechselnde Windstärken von sechs bis zwölf

Ein scharfer Wind hat sich erhoben,
fährt ohne Regeln unstet durch die Höfe
und wirbelt Unrat hoch auf dunklen Straßen.

In Gärten nimmt er Bäume bei dem Schopfe
reißt blonde Blätter ab, die treiben
noch ungewiss, wo sie mal landen werden.

In Böen fährt der scharfe Wind durchs Land
zerreißt wie wollüstig die Friedhofsruhe
und rüttelt drohend an den Fenstern.

Die Komitees hocken verhandelnd
in ihren abgeschirmten Räumen
und niemand wagt den Blick nach draußen.

Reisende

Nicht lange waren sie fort
in diesem Jahr, die Kraniche.
Schon ziehen sie rufend wieder nach Norden.

Wie Vögel reisen möchte auch ich
mit offenem Ziel,
wohin Sehnsucht mich treibt.

Will frische Erfahrungen sammeln,
beim Reisen durch schönweite Welt
doch Schrecken vertreibt Leichtigkeit.

Aus unsicheren Booten zwischen stürzenden Wellen
steigt angstvolles Beten zum Himmel
von Menschen auf der Flucht nach Norden.

Gift

Dumpf liegt Bedrohung in der Luft,
wabert mit ihr übers ganze Land
durch die Städte bis in unsre Häuser.
Macht nicht an Landesgrenzen halt,
drückt Köpfe nieder, macht Gedanken schwer.

Man weiß: Von hundert Menschen
wird wieder einer nur gewinnen
und stets der Gleiche ist es,
denn die Claims der Welt sind längst verteilt.

Die andren neunundneunzig müssen dienen
und hoffen, dass der eine sie am Leben lässt
vor blanken, überbordenden Regalen,
an denen unten Schimmel klebt und Fäule.

Die Wasser uns'rer Erde sind vergiftet.
Doch tötet dieses Gift nicht gleich,
allmählich nur verseucht es die Gehirne,
vernebelt die Gedanken zu Kritikunfähigkeit

und macht, dass man nach unten gegen Schwäch're tritt.
Das ist so einfach.

Wer selbst nichts hat und niemals haben wird,
erklärt das Nationale nun zu seinem Wert,
anstatt den Blick und Widerstand dorthin zu richten,
wo in grenzenlosem Überfluss
sich jene eingerichtet haben,
die wirklich uns beherrschen und berauben
und unsre Atemluft so dumpf verpesten.

Sortierungen

Nein, wir selektieren nicht mehr an der Rampe,
so barbarisch sind wir doch nicht mehr.
Die Schergen der SS sind ausgestorben
Sie lebten lang und gut in diesem Land.

Wir Nachkommen sind kultivierter
wir legen nicht mehr selbst Hand an.
Verzweifelte ertrinken leise
weit draußen vor den Urlaubsstränden.

Schafft dennoch jemand es zu uns, sortieren wir.
In Jobcentern, Ministerstuben oder Parlament
entscheiden heute wir, wer würdig leben darf,
wer nützlich ist für Wirtschaft, Kapital und reiches
Deutschland.

„Es ging uns nie so gut wie heute!"
Auch Wiederholung macht das nicht für alle wahr.
Und wem es nicht gut geht
gehört zu diesem Deutschland nicht.

Muss draußen bleiben,

vor Landesgrenzen, Supermärkten, Bankgebäuden.

Selbst auf den nassen kalten Bänken im gepflegten Park

bedrohen die zu wenig deutschen Menschen

das nationale Wohlgefühl.

Gestorben wird immer

Ja, wir Menschen sind sterblich und alles Leben endet im
Tod.

Wir sterben am Alter, an Krankheit, Hunger und Not.

Wir sterben beim Unfall, durch Armut, in Kriegen.

Durch Terror sterben wir. Fernsehen zeigt zerfetzte
Leichen liegen.

Wenn ein altes Leben verlöscht oder das eines
Kranken,

trauern wir, behalten den Lieben in unsren Gedanken.

Doch Opfer von Elend und Krieg sind Alltag
geworden.

Können wir mitleiden bei solchen fernen Morden?

Mit diesen Toten haben wir uns abgefunden, schon lange.

Betrifft uns doch nicht! Der Krieg ist weit weg, habt nur
keine Bange.

Wenn Katastrophen geschehen, dann schrecken wir auf,
fühlen uns hilflos verletzlich, beklagen grausamen Schick-
salslauf.

Und wie vormals Göttern geopfert wurde, um Unheil abzu-
wenden,

fließen nun auf Charity-Galas werbewirksame

Spenden.

Wenn aber Mord und Terror bei uns selber

einschlagen,

fehlen uns Muster, Rituale und Antworten auf Fragen.

Das blanke Entsetzen, von Angst und Wut

überschwemmt,

gebiert Hass und Rachsucht, völlig enthemmt -

Aber keine Erlösung von fragender Wut: Warum

maßen Menschen sich an

zu entscheiden, dass ein anderer nicht mehr leben kann?

Verfrüht sind alle gewaltsamen Tode. Und bleischwer das

Wissen um Eskalation:

Ein neuer Bomber, ein weiterer Sprenggürtel, die nächste

Explosion.

Böse neue Welt

Kein Hämmern, kein Heben
Kein Schaffen, kein Leben
Und doch Produktion.

Automaten agieren
Klaglos, produzieren
Ohne Freizeit, Tarif oder Streik.
Roboter fordern nicht.

Entwertet ist der Mensch, arbeitslos. Kläglich
Wird sein Geist vor Bildschirmen neu formatiert
täglich.
Virtuelle Waren konsumiert er unbeweglich,
Verlernt Denken, Handeln und Demokratie.

Was einzig mal war, wird zur Masse programmiert
Die in Gehirnwäschen Freiheit und Träume verliert,
Gesellschaft von Armseligen wird zementiert.
Gutes Leben findet in Filmen nur statt.

Digitaler Kontakt

Empfindung zerlegt in Einsen und Nullen,
digital durch das Netz gejagt,
wieder zusammengesetzt am Bildschirm
und manchmal dort zum Leben erwacht,
wenn du spürst, dass dein Herz erreicht wird
von echten Gefühlen, Gedanken, Gebärden
und du weißt: Dort ist ein Mensch.

Technische Zeiten

Deine Schultern sind schmal
aber stark.
Mir reichen sie
für Sicherheit.
Du bist so oft nicht hier
doch immer für mich da.
Ich liebe dich.

Früher hatte ich oft Angst
wenn ich dich brauchte
oder deinen Rat,
und mir nicht sicher war,
ob mein Gedanke dich erreicht.

Jetzt bist du immer online, irgendwie.
Wir können schreiben oder reden.
Das mag ich sehr.
Ist unsre Liebe jetzt nur digital?

Kosmos

Mit Teleskopen, Satelliten, Sonden
Richten Menschen ihre Neugier in die Ferne.
Suchen, was noch nicht gefunden
Auf dem eigenen Planeten Erde.
Sparen Mühe nicht noch Geld
Um zu entdecken, was die ferne Welt
An Geheimnissen enthält.

Kann es sein, dass sie versuchen
Eine zweite Heimstatt dort zu finden?
Um im weiten Kosmos neu zu buchen
Platz für Zukunft, die wir hier so schinden?

Würde Geld und Forschung gegen den Zerfall
In unseren Planeten investiert, anstatt ins All,
Verstünden wir: Die Erde ist kein Wegwerfball.

Mit Augen-
zwinkern

Mein Hund raubt mir den Schlaf

Wenn ich spät nachts ins Bett gegangen

und grad im netten Traum gefangen,

kommt Jay, mein Knockelpockelhund

und fiept, als wär er nicht gesund.

Schlaftrunken helfe ich dem alten Kerl

ins Bett zu mir – dort liegt er gar zu gern.

Zeigt er sich dankbar und zufrieden?

Mitnichten! Mir ist keine Ruhe mehr beschieden.

Er wartet, bis ich wieder eingenickt,

streckt seine Beine, die zuvor noch eingeknickt

in meinen Rücken mit Genuss und Kraft -

so wird sich erstmal Platz geschafft.

Ich rück zur Wand, versuche, meinen Traum erneut zu

finden,

doch dessen schöne Bilder müssen wieder schwinden.

Mein Hund beginnt, -so wie vor einem Mauseloch-

zu graben, stöbern, schnauben, und er brummt dabei auch

noch.

Er drängt zum Kopfkissen hinauf, auf dem doch ich schon liege
und meinen Kopf zum Schlaf entschlossen in die
Federn schmiege.
Jay prustet, knufft und nörgelt, stuppst sein dickes Maul
ununterbrochen
von unten gegen Kissen, Decken, sogar gegen meine
armen Knochen.
Unaufhaltsam kommt er langsam hochgekrochen.

Ich schwanke zwischen Müdigkeit und Wut,
denn immer noch gefällt's dem Hund nicht wirklich gut.
Zugedeckt will er noch werden und ratet mal, mit
welcher Decke?
Genau! Mit meiner. Mir lässt er nur 'ne kleine Ecke.

Endlich schläft er. Durchs Fenster schimmert schon das
Morgengrau.
Lange aber schläft Jay nicht, denn nun kommt die Zeitungs-
frau.

Eifrig keuchend springt er aus dem Bett,
hat mich schon wieder aufgeweckt!

Anstrengend ist diese Hundenähe -
sie ist der Grund, warum ich spät aufstehe.

Kröte

An einem Sommerabend, lau und leise,
in der Linde eine Nachtigall sang ihre Weise.
Vom Weiher unten hört' ich Gänse knarzen
und am Gartenteich die Frösche quazen.

Die sanfte Ruhe wurde jäh gestört
vom Jaulen meines Hundes, laut, wie nie zuvor gehört.
Ein dicker Frosch, vermutlich schon ein Kröterich
hat sich gewehrt, als mein blöder Hund ihn biss.

Alle Sorgen seien euch genommen:
Als Sieger ist der Frosch davongekommen.

Blindschleiche

Vor der Gartentreppe kroch
zitternd von der Morgenkälte noch
eine kleine kalte bleiche
mickrig dünne blinde Schleiche.

Was hat sie sich bloß vorgenommen
um früh und kalt heraus zu kommen?
Ist es Hunger oder Wunsch nach Liebe?
Besser wär's, wenn sie zuhause bliebe.

Warten

In einer Stunde bin ich da
 Jetzt sind siebzig ewige Minuten
bereits verstrichen,
das Telefon nimmst du nicht ab.
Panik kriecht in meine Seele,
ich will nicht leben ohne dich.
Dann schrillt die Haustürklingel – die Erlösung.

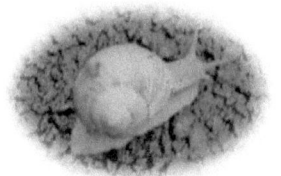

Im Wettstreit

Im Buchenwald oben wallen Teppiche von weißen Busch-
windröschen
sie verstecken am Abend die gelben Herzen,
schimmern dann rosig, dezent elegant.
Geliebte Veilchen, die üppig am Wiesenrand blühen,
wirken bescheiden,
so, wie es Mädchen in Poesiealben schreiben.

Sorglos leuchten die Sterne des Scharbockskrautes,
versprühen ihr Gelb in jeden Winkel,
noch prächtiger drängt sich Forsythie in den Blick,
möchte arrogant dominieren.
Stolze Tulpen schieben ihre Farben hervor,
wetteifern mit steifen Narzissen,
die affektiert ihre Röcke spreizen.

Lungenkraut und Thymian werden geliebt
von frühen Bienen,
Päonien rollen borstig ihre Stängel aus.
Heiteres Wiesenschaumkraut öffnet zart seine Blüten,
schwebt hellviolett über stämmigen Gänseblümchen.

Laut schreit die Magnolie nach Aufmerksamkeit –
nur die Gartenbesitzer denken schon wieder ans
Rasenmähen.

Gestörter Tagtraum

Still wandle ich durch Wald und Flur,
genieße glücklich die Natur,
ein Tagtraum voller Schönheit pur.

Sattgrün sind Gras und Schilf am Bach.
Plötzlich Bewegung vor mir – ich bin hellewach!
Versteinert steh ich still ganz bange
und fürchte mich vor einer Riesenschlange.
Die schaut verdutzt und leicht verdattert,
als ich die Flucht ergreif' vor harmlos Ringelnatter.

Das Laub vom Nachbarn

Du kannst dich ärgern oder freuen,
wenn Bäume ihre Blätter streuen
doch ändern kannst du nichts daran.
So ist der Herbst – jetzt fängt er wirklich an.

Anstatt das Laub laut weg zu blasen
mit widerlichen Motorgasen,
nimm Rechen und 'ne Schaufel dir,
bau einen Haufen fürs Getier.
Schon' deine Nerven, sei nicht kleinlich
ein Laubhaufen ist gar nicht peinlich.

Ungeduld

Wann kommt er endlich,

der bunte Kerl mit seinen Farben?

Wer hält ihn auf,

auf den wir sehnlichst warten?

Sind es die Alpen

oder die unpünktlich' Eisenbahn?

Ich will den Frühling jetzt!

Doch leider kräht nach meinem Wunsch kein Hahn...

Gespenster

Ich starre manchmal vor mich hin,
Überlege, wer ich eigentlich bin
Und wie viel Zeit noch übrig ist,
Weil sie doch immer weiter fließt,
Egal, ob ich nun unbeweglich sitze,
Oder eilig durch die Räume flitze.
Was muss ich unbedingt noch tun?
Mein Gehirn kann gar nicht ruhn,
Malt sich gar grausig Bilder aus,
Schleichen etwa Mörder hier ums Haus?
Wie ich so starre, blick' ich durchs Fenster:
Dunkel ist's draußen, da sind keine Gespenster.

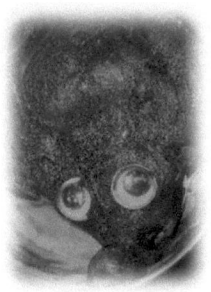

Frecher Herbstwald

Ein kurzer Wind streicht durch die Wipfel
der prächtig umgefärbten Eichen unter strahlend Sonne,
plötzlich prasseln Eicheln laut wie dicke Hagelschauer
auf meinen Waldweg und ins Unterholz.
Ich steh verdutzt und hoffe,
dass keins der knatternden Geschosse
auf meinen Kopf gefeuert wird.
Ein Eichhörnchen verharrt am Stamm,
mir scheint, es grinst gar schadenfroh.